Bibliografische Information der Deutschen Nationalbibliothek:

Die Deutsche Bibliothek verzeichnet diese Publikation in der Deutschen National-bibliografie; detaillierte bibliografische Daten sind im Internet über http://dnb.d-nb.de/ abrufbar.

Impressum:

Copyright © 2019 GRIN Verlag
Druck und Bindung: Books on Demand GmbH, Norderstedt Germany
ISBN: 9783346021458

Sebastian M.

Big Data für Wirtschaft, Staat und Gesellschaft. Definition und Kerntechnologien

GRIN Verlag

GRIN - Your knowledge has value

Der GRIN Verlag publiziert seit 1998 wissenschaftliche Arbeiten von Studenten, Hochschullehrern und anderen Akademikern als eBook und gedrucktes Buch. Die Verlagswebsite www.grin.com ist die ideale Plattform zur Veröffentlichung von Hausarbeiten, Abschlussarbeiten, wissenschaftlichen Aufsätzen, Dissertationen und Fachbüchern.

Besuchen Sie uns im Internet:

http://www.grin.com/

http://www.facebook.com/grincom

http://www.twitter.com/grin_com

Inhaltsverzeichnis

Abbildungsverzeichnis

Abkürzungsverzeichnis

AI	Artificial Intelligence
ACID	Atomicity, Consistency, Isolation, Durability
BI	Business Intelligence
CRM	Customer Relationship Management
DBMS	Datenbankmanagementsystem
DSS	Decision Support System
GPS	Global Positioning System
HDFS	Hadoop Distributed File System
IMDB	In-Memory-Datenbanken
IS	Information Systems
IT	Informationstechnik
LKW	Lastkraftwagen
POSIX	Portable Operating System Interface
SQL	Structured Query Language
YARN	Yet Another Resource Negotiator

1. Einleitung

Im gegenwärtigen digitalen Zeitalter lässt sich jeder Einkauf, jeder Besuch einer Internetseite und auch der tägliche Weg zur Arbeit speichern, analysieren und auswerten. Diese Liste lässt sich um viele weitere Aktivitäten ergänzen. Da mit dem Besitz dieser Daten Profit gemacht werden kann, wird mit solchen Datensätzen auch Handel betrieben. Der Besitz von Datensätzen ist zu einer sehr wertvollen Währung geworden. Da die Daten von Tag zu Tag immer mehr werden, kann diese Währung als nahezu unendlich bezeichnet werden. Jedoch ist die Fähigkeit zur Verarbeitung und Analyse dieser Datenvolumen Grundvoraussetzung dafür, Profit zu erlangen. Aufgrund des anhaltenden Social Media-Trends, der Nutzung mobiler Devices, wie Smartphones und Tablet PC´s und der zunehmenden Digitalisierung von Unternehmen steigt das weltweite Datenvolumen rasant an. [Bitk12, 12-13; ChMa14, 171-172] Aufgrund der bereits bestehenden Masse und der weiter exponentiell wachsenden Datensätze stellt die Verarbeitung dieser Daten zunehmend eine enorme Herausforderung dar. Hinzu kommt, dass die Integrität und die Auswertung dieser Daten immer komplexer werden. Genau an diesem Punkt setzt Big Data an. Der Begriff Big Data bezeichnet die schnelle Analyse umfangreicher, vielfältiger und komplexer Datenmengen zur Erzeugung von wirtschaftlichem Nutzen.

In Big Data steckt für Wirtschaft, Staat und Gesellschaft großes Potenzial. Insbesondere für die Faktoren Produktion, Wettbewerb und Wertschöpfung. [DaHe14, 5] Jedoch bringt die Thematik auch eine ebenso umfangreiche Liste von Herausforderungen mit sich. Ziel dieser Arbeit ist es, den aktuellen Stand der Forschung zu Big Data systematisch aufzuarbeiten. Aufgrund der enormen Bandbreite des Themas wird der Schwerpunkt neben der Ausarbeitung der grundlegenden Charakteristika auf die wichtigsten Technologien im Umgang mit Big Data gelegt.

Die Forschungsfrage, die mit Hilfe dieser Arbeit beantwortet werden soll, lautet daher:

Durch welche grundlegenden Eigenschaften lässt sich der Begriff „Big Data" definieren und welche Kerntechnologien werden im Umgang mit Big Data verwendet?

Um die aufgestellte Forschungsfrage zu beantworten, ist die Arbeit wie folgt gegliedert: Nach der einleitenden Darstellung der Problemstellung und Zielsetzung in Kapitel 1 werden in Kapitel 2 zunächst grundlegende Merkmale und ausgewählte Begriffe zur Thematik erläutert und definiert. Anschließend wird der Begriff Big Data von den Begriffen Business Intelligence (BI), Analytics und Data Mining abgegrenzt. Dadurch soll eine Einordnung von Big Data in die Entwicklungslinien der Technologien und Transformationsstrategien vorgenommen werden. Das Kapitel schließt mit einem Überblick über allgemeine Anwendungsbereiche, in denen Big Data eine Rolle spielt bzw. zukünftig eine Rolle spielen kann. Dazu werden auch konkrete Anwendungen demonstriert. Kapitel 3 bildet das Kernstück der vorliegenden Arbeit. Zunächst werden die einzelnen Bereiche einer Big Data-Anwendung systematisch dargestellt. Im Anschluss werden die aus Sicht des Verfassers wichtigsten Kerntechnologien vorgestellt und bewertet. Darauf aufbauend soll die Darstellung eines Architekturbeispiels den Umgang mit Big Data in der Praxis verständlich machen. In der Schlussbetrachtung werden die wichtigsten Erkenntnisse der Arbeit zusammengefasst und ein knapper Ausblick gegeben.

2. Theoretische Grundlagen zu Big Data

2.1 Definition und Merkmale von Big Data

In der Literatur lässt sich eine Vielzahl von Definitionen für den Begriff „Big Data" finden. Die jeweiligen Definitionen sind sehr unterschiedlich und bis heute hat sich kein allgemein gültiges Begriffsverständnis herausgebildet. [HaZa14, 4-6] Gölzer liefert eine Übersicht über in der Literatur zu findende Big Data-Definitionen. [Gölz17, 46] Als Grund für die stark unterschiedlichen Definitionen wird die Vielschichtigkeit des Themas herangezogen. [Dors15b] Big Data kann aus unterschiedlichen Perspektiven betrachtet und kategorisiert werden. Generell kann aber festgehalten werden, dass beim Begriff „Big Data" stets von der Gewinnung und Nutzung bzw. Verarbeitung großer, unstrukturierter Datenmengen in hoher Geschwindigkeit gesprochen wird. Der Größenbegriff „Big" wird dabei nicht nur für große Datenmengen, sondern auch für mehr und vielfältigere Informationsquellen verwendet, da diese einen größeren Verarbeitungsaufwand zur Folge haben. [FrPa18, 15] Verdeutlicht wird dies in einer Studie von IBM aus dem Jahr 2012, welche unter anderem die Definition des Begriffs Big Data untersuchte. Diese ist nachfolgend in Abbildung 1 dargestellt.

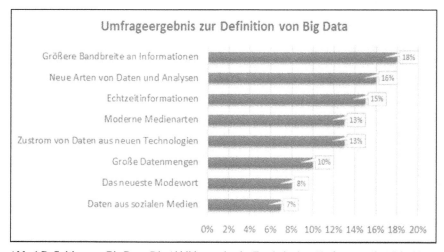

Abb. 1 Definition von Big Data. Die Abbildung zeigt das Ergebnis einer Umfrage aus dem Jahr 2012 zur Definition von Big Data. Die Studienteilnehmer, welche aus unterschiedlichen Unternehmen stammten, durften dabei maximal nur zwei aus ihrer Sicht typische Charakteristika nennen. (Quelle: eigene Darstellung, in Anlehnung an [ScSh12, 3].)

In der Literatur werden meist die 3V´s bzw. häufig auch die 4V´s oder 5V´s als Anforderung an Big Data genannt. Diese Anforderungen werden häufig als Definition von Big Data verwendet. Die V´s stehen dabei für Volume (Datenmenge), Velocity (Geschwindigkeit), Variety (Vielfalt) sowie oftmals ergänzt um das vierte V Veracity (Wahrhaftigkeit) und das fünfte V Value (Mehrwert). Nachfolgend wird auf die Eigenschaften bzw. Charakteristika von Big Data eingegangen, indem die fünf genannten V´s näher beschrieben werden.

Volume steht für die anfallende, zu verarbeitende Datenmenge. Mittlerweile haben die für Unternehmen zur Verfügung stehenden internen sowie externen Daten solche Ausmaße erreicht, dass traditionelle, relationale Datenbanken zur Bewältigung dieser Datenmassen nicht mehr ausreichen. [Schö16, 303] 2016 waren noch Daten in Petabyte vorhanden. [GaSi16, 244] Mittlerweile sind es bereits mehrere Zettabytes. Die Hauptgründe für den rasanten Datenanstieg sind neben dem Internet und den mobilen Endgeräten auch die umfassende Sensorisierung. Darüber hinaus lässt die zunehmende Entwicklung von Industrie 4.0[1] die Anzahl der verfügbaren Daten und potenzielle Big Data-Anwendungen rasant steigen. [EmDö15, 14]

Velocity wird in der Literatur unterschiedlich interpretiert. Der Begriff wird häufig als Bezeichnung für die Geschwindigkeit in Bezug auf die Entstehung neuer Daten verwendet. [Fase14, 389; McBr12, 23; ChCh13, 159-160] Außerdem wird mit Velocity auch die Geschwindigkeit ausgedrückt, mit der Daten produziert und verändert werden. [King14, 35] Ein dritter Ansatz ist, mit Velocity die Anforderung zu bezeichnen, in welcher Geschwindigkeit IT-Systeme Daten verarbeiten sollen. [BeWa14, 279] Große Internetfirmen, wie beispielsweise Google und Facebook, stellen ihren Nutzern Daten in Echtzeit zur Verfügung. [ChMa14, 179] Aufgrund der von den großen Internet-Playern zur Verfügung gestellten Möglichkeiten, spielt die Thematik der schnellen bzw. automatisierten Auswertungen auch für andere Unternehmen eine große Rolle. Da mit zunehmender Geschwindigkeit auch schneller neue Daten produziert werden können, besteht eine direkte Beziehung zwischen den Merkmalen Velocity und Volume. [Dors15a]

Beim dritten V handelt es sich um das Merkmal Variety. Damit wird die Heterogenität der Datenquellen und Datenformate ausgedrückt. [Dors15a] Struktur, Inhalt und Format der Daten sind meist sehr vielfältig. Das Datenspektrum kann Textdateien, Tabellen, technische

---

[1] Mit Industrie 4.0 wird die vierte industrielle Revolution bezeichnet. Diese steht für die Weiterentwicklung des bisherigen IT-Einsatzes und der Automation. Durch internetbasierte Technologien werden intelligente Produktionssysteme, IT-Systeme und Menschen vernetzt und es entstehen neue Formen der Produktionsorganisation.

Messdaten, Social Media-Inhalte und Video-Streams umfassen. [GaSi16, 244] Aus dieser Vielfalt von Daten Erkenntnisse zu generieren, ist eine der Kernaufgaben von Big Data. [O'Le13, 54]

Ein weiteres häufig herangezogenes Merkmal ist Veracity. Damit wird die Qualität der Daten bezeichnet. Entscheidende Qualitätsmerkmale sind dabei die Vollständigkeit, Verlässlichkeit und Richtigkeit. [BeWa14, 279] Die Datenqualität wird durch Inkonsistenz, Unvollständigkeit und Mehrdeutigkeit beeinflusst. [King14, 35] Unzureichende Datenqualität kann auf Messfehler, Übertragungsfehler oder auch auf bewusste Falschmeldungen zurückgeführt werden. [ZiDe13, 14] Aber auch subjektiv geprägte user-generierte Daten sind häufig nicht sicher messbar. Dies trifft insbesondere auf Social Media-Daten zu, da diese von subjektiven Empfindungen sowie zeitlichen und inhaltlichen Kontexten geprägt sind. [Dors15a] Daraus lässt sich ableiten, dass entsprechende Prozesse und Maßnahmen implementiert werden müssen, die Fehler und Ungenauigkeiten in den Daten erkennen sowie diese im besten Fall berichtigen oder zumindest deren Ausmaß und Tragweite abschätzen können. [Wolf14, 313] Erst wenn dies sichergestellt werden kann, können gewünschte Erkenntnisse und Ergebnisse erreicht werden. Die hinreichende Bewertung und Sicherstellung der Datenqualität nimmt daher im Rahmen von Big Data eine Schlüsselrolle ein. [Gölz17, 51]

Die bisherigen Big-Data-Merkmale können zudem um das Merkmal Value ergänzt werden. Damit wird der Mehrwert des Einsatzes von Big Data zum Ausdruck gebracht. Entscheidend ist, dass allein durch den Zugang und die Speicherung von Big Data kein Mehrwert geliefert wird. [Gölz17, 51] Ein wirtschaftlicher Mehrwert kann erst generiert werden, wenn entsprechende Anwendungen und Prozesse zur Verwertung der Daten installiert wurden. Auch die Durchführung von Aufwand-Nutzen-Analysen und die Initiierung von Big-Data-Projekten sind erst dann möglich. [Chen et al 2014; S 202-203.]

Die nachfolgende Abbildung stellt die soeben dargelegten Ausführungen zusammenfassend dar:

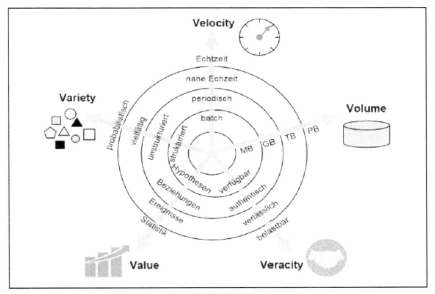

Abb. 2 Die 5 V´s von Big Data. Die Abbildung zeigt die 5 V´s, die als Charakteristika von Big Data dienen. (Quelle: [Gölz17, 49])

2.2 Einordnung und Abgrenzung

Nachdem im vorherigen Kapitel die Charakteristika von Big Data ausgearbeitet wurden, folgt innerhalb dieses Teilkapitels eine Einordnung von Big Data in die Entwicklungslinien der Technologien und Transformationsstrategien. Hierfür wird der Begriff Big Data von den Begriffen BI, Analytics und Data Mining abgegrenzt. Dies ist erforderlich, um ein Verständnis für die Besonderheiten der Analyse von großen un- bzw. semistrukturierten Datenmengen zu bekommen. Außerdem soll dieses Kapitel zeigen, ob Big Data eine logische Weiterentwicklung bestehender Technologien ist oder einen technologischen Umbruch darstellt.

Zunächst soll näher auf den Begriff BI eingegangen werden. BI ist eine Managementstrategie, mit der Entscheidungen strukturiert und effektiv getroffen werden können. [King14, 37] Darunter kann das Sammeln, Filtern, Analysieren und Präsentieren von entscheidungsrelevanten Daten verstanden werden. [LaMa15a] Letztendlich soll BI eine optimale Entscheidungsgrundlage liefern. Dabei ist das Einsatzgebiet von BI breit. BI kann unter anderem zur Informationsgewinnung bei Produkten, Lagerbeständen oder Kunden eingesetzt werden. [Chen10, 75] Die Datengrundlage für BI stammt dabei von operativen Anwendungen. [King14, 38] Der Erfolg von BI ist insbesondere vom Datenmanagement abhängig. [King14, 38] Nur mit der richtigen Datenakquise und Datenverwaltung können Optimierungen erreicht werden. BI ermöglicht aufgrund der in der Regel hohen Datenaktualität Echtzeitanalysen. [King14, 38] Den entscheidenden Unterschied zwischen BI und Big Data stellt die Datengrundlage dar. Im Gegensatz zu Big Data liegen die Daten bei BI bereits strukturiert vor und beziehen sich zudem auf einen eindeutigen Kontext. [FrPa18, 30] Big Data-Analysen versprechen zusätzliche Erkenntnisse, die über typische BI-Anwendungen hinausgehen. Während BI-Anwendungen in der Regel nur Reporting-Ziele verfolgen, liefern Big Data-Analysen Erkenntnisse zur direkten Verbesserung von Geschäftsprozessen bzw. zu deren zukünftiger Gestaltung. [MoDo15, 588-592] Daher erfordern Big Data-Anwendungen im Vergleich zu BI-Anwendungen deutlich höhere Anforderungen an die Technologie. [Gölz17, 57] Der Grund hierfür liegt nicht ausschließlich am größeren Datenvolumen, sondern vielmehr an der Kombination von Umfang, Vielfalt und Geschwindigkeit der Daten. [LaMa15a] Diese Kombination lässt klassische BI-Anwendungen an ihre Grenzen stoßen. Auf neuartige Kerntechnologien, die für den Einsatz von Big Data-Anwendungen notwendig sind, wird in Kapitel 3.2 näher eingegangen.

Ein weiterer, häufig genannter Begriff im Zusammenhang mit Datenverarbeitung ist Analytics. Unter Analytics werden Prozesse und Technologien verstanden, die Daten hinsichtlich der Unternehmensleistung analysieren. Analytics unterstützt BI durch die Erkenntnisgewinnung aus Daten. Dadurch können komplexe Probleme gelöst, Geschäftsprozesse optimiert und wichtige Entscheidungen effizienter getroffen werden. [King14, 39] Basis hierfür ist die Herstellung einer strukturierten, aktuellen und klar definierten Datengrundlage. Darauf aufbauend können mit analytischen Anwendungen für die zuvor festgelegten Zielgruppen und Segmente Ergebnisse prognostiziert werden. [King14, 39] Diese Ergebnisse werden bei der Prozessgestaltung berücksichtigt und im Bestfall können dadurch Prozesse in Echtzeit optimiert werden. [DaHa10, 83-84] Neben der Verbesserung von Entwicklungs- und Produktionsprozessen liefert Analytics auch in weiteren Bereichen einen enormen Mehrwert. Im Marketing beispielsweise können auf Basis von Kundendatenbanken Produkt- und Dienstleistungsangebote personalisiert werden. [King14, 40-41] Dadurch wird es möglich, zum richtigen Zeitpunkt auf den Kunden abgestimmte Angebote zu unterbreiten. Jedoch haben sich die Anforderungen an Analytics in den letzten Jahren durch die rasante Entwicklung der Datenmenge, -vielfalt und -geschwindigkeit enorm verändert. Analytics oder auch Big Data Analytics können als Weiterentwicklung von BI verstanden werden. [Gölz17, 71]

In enger Beziehung zu Analytics steht Data Mining. Unter Data Mining wird der Prozess zur Generierung von neuen Erkenntnissen aus großen Datenmengen verstanden. [HaKa11, 2] Mit Data-Mining-Verfahren, welche aus Mathematik, Statistik und künstlicher Intelligenz kommen, werden große Datenmengen auf Muster, Beziehungen und Trends geprüft.[2] [Agga15, 3-6] Daher kann Data Mining neben der Beschreibung von Datensätzen auch Vorhersagen für zukünftige Werte liefern. Darauf aufbauend ist es die Aufgabe von Analytics, auf Basis der Erkenntnisse aus Data-Mining-Verfahren, Geschäftsprozesse zu verstehen und zu verbessern. Daher spielt Data Mining eine Schlüsselrolle für Analytics. Diese Schlüsselrolle verstärkt sich aufgrund der fortlaufend wachsenden Datenmenge im Zeitalter von Internet, mobiler Endgeräte und Sensorisierung zusehends. [Gölz17, 60]

Der Umfang der integrierten Datenquellen, der Detaillierungsgrad, die Aktualität und die Analysemöglichkeiten haben sich mit fortschreitender Technik und Forschung stark ausgeweitet. Big Data ist daher eine Weiterentwicklung von BI und stellt letztendlich die nächste Generation der Entwicklung von computerbasierter Entscheidungsunterstützung dar. Die nachfolgende Grafik verdeutlicht dies.

---

[2] Eine detaillierte Beschreibung der Verfahren liefern [HaKa11] sowie [Agga15].

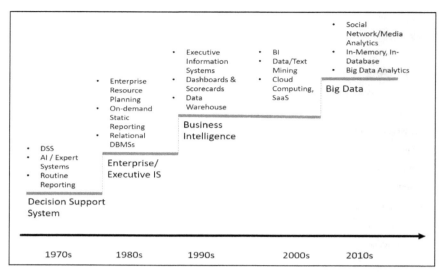

Abb. 3 Entwicklung von Analytics. Die Abbildung zeigt die Weiterentwicklung von Analytics.
(Quelle: eigene Darstellung, in Anlehnung an [Dele14, 11].)

2.3 Anwendungsbereiche

Die Anwendungsbereiche, in denen Big Data zur Wertschöpfung beitragen kann, sind vielschichtig. Im Folgenden soll auf die aus Sicht des Verfassers wichtigsten Anwendungsbereiche eingegangen werden.

Eine große Rolle spielt Big Data im Bereich Forschung und Entwicklung. Ein mögliches Einsatzfeld ist die gezielte Analyse von Nutzermeinungen auf Social Media-Plattformen oder Foren zur Auswertung von Nutzermeinungen zu Produkten oder auch zur Identifikation von Produktschwächen. [Omri15, 106] Die Ergebnisse dieser Analysen können einen Beitrag zur Neu- und Weiterentwicklung von Produkten leisten. Aber auch bereits bei der Marktforschung können auf Basis von Kundeninteraktionen und -transaktionen auf Social Media-Plattformen und Websites Rückschlüsse auf die Bedürfnisse und Kaufabsichten von Kunden gewonnen werden. [Omri15, 113]

Auch im Marketing- und Vertriebsbereich ermöglichen Big Data-Anwendungen Unternehmen neue Möglichkeiten. So können kundenspezifische Kriterien und Verhaltensweisen, die aus Big Data-Analysen gewonnen wurden, bei der Entwicklung von Marketingstrategien be-

- 12 -

rücksichtigt werden. Dies kann die Transparenz und Effizienz von Produktangeboten erhöhen. Zudem besteht für Unternehmen die Möglichkeit, ihre Marketingkampagnen auf einzelne Kunden oder zumindest Kundensegmente individuell anzupassen. Bei zusätzlichem Einsatz von Zeit- und Standortdaten können dem jeweiligen Kunden sogar abgestimmte Angebote zum richtigen Zeitpunkt vorgelegt werden. Letztendlich kann der Einsatz von Big Data-Anwendungen den Erfolg von Marketing- und Vertriebsaktionen deutlich erhöhen. [Omri15, 105-106]

Hauptaufgabe im Bereich der Distribution und Logistik ist schon immer eine möglichst effiziente Abwicklung der Abläufe bzw. Lieferketten. Mit Hilfe des Einsatzes von Big Data-Anwendungen können die bestehenden Prozesse weiter optimiert werden. Big Data-Analysen ermöglichen zudem bereits vorab die Früherkennung von möglichen Störungen in der Lieferkette. [Omri15, 108] Die Basis hierfür liefert die zunehmende Vernetzung der Lieferfahrzeuge. Dies ermöglicht die Generierung von Daten zum technischen Zustand und Standort. [Omri15, 111] Dadurch kann beispielsweise auf notwendige Wartungsarbeiten frühzeitig hingewiesen werden oder auch Staus und somit letztendlich Zeitverluste umgangen werden. Das Unternehmen Amazon hat bereits bewiesen, welche Potenziale Big Data liefert und dass durch den richtigen Einsatz von Big Data-Lösungen hoch komplexe Logistikprozesse nahezu vollständig automatisiert werden können.

Mittlerweile gibt es bereits Prototypen von selbstfahrenden LKW's. Neben der Einsparung von Personalressourcen ergeben sich noch eine Vielzahl von weiteren Vorteilen in diesem Bereich. So können etwa durch die Vernetzung von selbstfahrenden Fahrzeugen Verkehrsunfälle reduziert sowie generell eine Optimierung des Verkehrsflusses erreicht werden. Basis dieser Entwicklung ist ein riesiges Netzwerk von Sensordaten. Diese müssen in Echtzeit ausgewertet und wieder zurückgespielt werden. [Bitk12, 40]

Die soeben dargestellten Möglichkeiten aus den drei vorgestellten Anwendungsbereichen können zudem positive Auswirkungen auf die Kundenzufriedenheit haben. Jedoch gibt es hinsichtlich des Kundenservices noch weitere Potenziale, die durch den Einsatz von Big Data-Anwendungen erschlossen werden können. So kann die Problemfindung bzw. Lösungsanbietung bei Kundenreklamationen im Servicebereich beschleunigt werden, wenn dem Service schnell die notwendigen Daten zur Verfügung gestellt werden. Dies wiederum wirkt sich positiv auf die Markenwahrnehmung und die Kundenbindung aus. [Omri15, 107]

Auch in der Produktion lassen sich durch Big Data-Anwendungen positive Ergebnisse erzielen. Da in diesem Bereich häufig eine Vielzahl von Daten erzeugt wird, können durch die schnelle und korrekte Verarbeitung dieser Daten Schwachpunkte identifiziert und darauf aufbauend Produktionsabläufe optimiert werden. Während bisher in der Regel erst im Nachgang an die fertiggestellte Produktion eine Fehleranalyse erfolgt, kann durch den Einsatz von Big Data-Anwendungen eine laufende Überwachung bzw. Fehleranalyse sichergestellt werden. [Bitk12, 39] Bei nicht erwünschten Entwicklungen bzw. Ergebnissen kann somit noch früher gegengesteuert werden. Weisen über Sensoren erzeugte Informationen auf nicht gewünschte Zustände von Anlagen oder für die Produktion relevante Umgebungsdaten hin (z.b. Temperatur oder Luftfeuchtigkeit), können präventive Maßnahmen rechtzeitig eingeleitet werden. Stillstände und damit Wartungskosten lassen sich dadurch verhindern oder zumindest reduzieren. [Bitk12, 39]

Einen weiteren wichtigen Anwendungsbereich stellt die Verwaltung dar. Insbesondere im Controlling und Risikomanagement kann der Einsatz von Big Data-Anwendungen großen Mehrwert stiften. Obwohl diese zwei Bereiche bereits vor der Verwendung von Big Data mit großen Datenmengen arbeiteten, können durch konkrete Big Data-Analysen Optimierungen erreicht werden. Insbesondere hinsichtlich Zeit und Qualität können durch die intelligente Verknüpfung von Daten aus unterschiedlichen Informationsquellen Verbesserungen bei der Erstellung von Vorhersagemodellen erzielt werden. [Omri15, 110] Zudem können auffällige Geschäftsrisiken früher identifiziert werden. Im Risikocontrolling von Banken beispielsweise wird es durch Big-Data-Technologien möglich, komplexe Value-at-Risk-Berechnungen deutlich schneller durchzuführen. Dies ermöglicht eine deutlich schnellere Reagibilität nach dem Eintritt von Kurswertverlusten. Die Möglichkeit, nach solchen Ereignissen schnell Gegenmaßnahmen einzuleiten, trägt letztendlich dazu bei, dass das zur Verfügung stehende Eigenkapital einer Bank effizienter gesteuert werden kann. [Bitk12, 42] Die letzte Finanzkrise hat verdeutlicht welche Mängel hinsichtlich Geschwindigkeit und Flexibilität der Analyse sowie Korrektheit der Daten vorhanden waren. [vaDo15, 144-145] Die Korrektheit der Daten ist Grundvoraussetzung für ein effizientes Risikomanagement. Hierfür sollte letztendlich ein zentraler Datenhaushalt vorhanden sein, der bereichsübergreifend sämtliche Unternehmensdaten in konsistenter Form bereitstellt. [vaDo15, 145]

Selbstverständlich sind die soeben dargestellten Anwendungsbeispiele keine vollständige Auflistung aller Anwendungsbereiche. Die dargestellten, beispielhaften Ausführungen in diesem Kapitel machen die hohe Relevanz von Big Data aber deutlich. Abschließend kann festgehalten werden, dass neben noch nicht realisierten Effizienzpotentialen auch Wettbewerbsvorteile durch kundenindividuellere Produkt- und Dienstleistungsgestaltung erzielt werden können. [ScKn12, 62]

Der Verfasser dieser Arbeit schließt sich der Meinung von Freiknecht und Papp an, dass im Grunde jede Industrie von Big Data direkt oder indirekt betroffen ist. [FrPa18, 8] Dabei bietet Big Data für einige Branchen große Möglichkeiten. Für andere Branchen wiederum stellt Big Data eine Bedrohung des etablierten Geschäftsmodelles dar. Bestes Beispiel hierfür ist die Bankenbranche. Diese wird mehr und mehr von jungen, deutlich agileren FinTechs angegriffen.

3. Analyse von Big Data-Kerntechnologien

3.1 Wertschöpfungskette einer Big Data-Anwendung

Bevor im nächsten Kapitel auf die wichtigsten Technologien im Umgang mit Big Data eingegangen wird, soll zunächst die Wertschöpfungskette einer Big Data-Anwendung dargestellt
werden. Die nachfolgende Grafik zeigt die einzelnen Kernbereiche, die im Folgenden näher
erläutert werden:

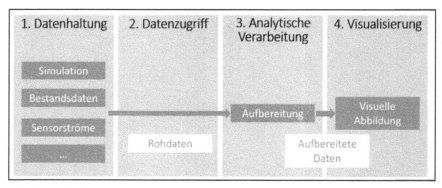

Abb. 4 Kernbereiche einer Big Data-Lösung. Die Abbildung zeigt die einzelnen Bereiche der Wertschöpfungskette einer Big Data-Anwendung. (Quelle: Eigene Darstellung, in Anlehnung an [Bitk14,
82].)

Zunächst müssen Rohdaten generiert werden, um betriebswirtschaftlich relevante Erkenntnisse durch eine Big Data-Anwendung zu erhalten. Hierunter fallen sämtliche Entscheidungen
und Prozesse, die der Erhebung bzw. Beschaffung neuer Daten dienen.

Der erste Kernbereich in einer Big Data-Anwendung ist das Schaffen eines „Parkplatzes" für
die generierten Rohdaten. Die Speicherung dieser Rohdaten wird als Datenhaltung bezeichnet. Entscheidend dabei ist, dass die Daten so billig wie möglich gespeichert werden und Abfragen vielfältig, flexibel und schnell durchgeführt werden können. [Bitk14, 35] Insbesondere
Hadoop spielt hierbei eine zentrale Rolle. Hadoop ist ein Open-Source-Framework für ska-
lierbare, verteilt arbeitende Software der Apache Software Foundation[3]. Diese wird zum ver-

---

[3] Die Apache Software Foundation ist eine ehrenamtliche Organisation, die sich die Förderung der Apache-Softwareprojekte
zum Ziel gesetzt hat.

teilten Speichern der Daten auf Commodity Hardware verwendet. [FrPa18, 21-22] Hadoop wird in Kapitel 3.2 näher beschrieben und bewertet. Ein entscheidender Bereich der Datenhaltung sind Datenbanken, die den Anforderungen von Big Data gerecht werden. [ChMa14, 184] Dabei stellt die Integration verschiedener Datenquellen und -formate eine große Herausforderung dar.[4] Während traditionelle Datenbanken auf die Verarbeitung von strukturierten Daten ausgerichtet sind, muss heute und zukünftig auch die Verarbeitung von unterschiedlich strukturierten und/oder unstrukturierten Daten aus verschiedenen Quellen sichergestellt werden. Neben dieser Herausforderung ist die zügige Verarbeitung großer Datenmengen häufig ein entscheidendes Kriterium. Obwohl sich die heutige Technologie gut und weit entwickelt hat, stellt die schnelle und effiziente Verarbeitung von Dutzenden oder sogar Hunderten Terabytes dennoch weiterhin eine anspruchsvolle Aufgabe dar. [Bitk14, 42]

Der nächste Bestandteil einer Big Data-Anwendung ist der Datenzugriff. Dabei gibt es mehrere Verfahren, die den Zugriff auf Massendaten ermöglichen ohne die vorhandene Datenmenge zu verschieben. Das Verschieben oder Kopieren ist aufgrund der hierfür notwendigen, hohen IT-Ressourcen nicht möglich. Daher muss der Zugriff ohne das Verschieben der Daten sichergestellt werden. Zentrale Ausgangsbasis aller zur Verfügung stehender Verfahren ist eine Netzwerkverbindung, die den Zugang zu den Daten sicherstellt. Die einfachste Variante hierbei ist die Vorverarbeitung der Daten am ursprünglichen Speicherort und die anschließende Übertragung an das Big Data-Analysesystem. [Schu15, 311-312] Auf diese und weitere Möglichkeiten soll im Rahmen dieser Arbeit nicht weiter eingegangen werden, da es ansonsten den quantitativen Umfang dieser Arbeit übersteigt. Letztendlich kann der soeben beschriebene Teilprozess als Vorbereitung zur Verarbeitung der Daten bezeichnet werden.

Damit die Daten in betriebswirtschaftlich relevante Erkenntnisse umgewandelt werden können, müssen im nächsten Schritt die vorhandenen Massendaten verarbeitet werden. Zur Verarbeitung stehen je nach Daten und Ziel unterschiedliche Möglichkeiten zur Verfügung. Eine Möglichkeit sind orts- und raumbezogene Datenanalysen, die anhand von statistischen und mathematischen Verfahren mit geografischem Bezug durchgeführt werden. Diese haben aufgrund der rasant steigenden Nutzerzahlen von Smartphones, welche eine hohe GPS-Nutzung aufweisen und damit die Generierung einer Vielzahl von Geodaten zur Folge haben, eine hohe Relevanz erreicht. Im Handel beispielsweise werden schon seit Jahren Absatzprognosen von Artikeln anhand räumlicher Dimensionen ermittelt. [Bitk14, 57]

---

[4] In einer von Bitkom durchgeführten Studie gaben 75 % der Organisationen Daten-Integration als Problem an. [Bitk14, 42]

Eine weitere Verarbeitungsmöglichkeit stellt Web Analytics dar. Hierbei soll die Webpräsenz bestmöglich optimiert bzw. individuell an den Kunden ausgerichtet werden. Im besten Fall sogar in Echtzeit. Die Ausrichtung der Webpräsenz erfolgt demnach auf Basis der Messung, der Erfassung, der Analyse und dem Reporting von Daten wie der Anzahl von Klicks auf einer Seite, Suchbegriffe, Anzahl der Seitenbesucher usw. [Bitk14, 57]

Textanalyse - häufig auch als Text-Mining bezeichnet – ist eine weiteres Analysewerkzeug. Auf Basis der Analyse von Fließtexten wird nach Mustern gesucht und relevante Informationen generiert. [GaHa15, 140] So können beispielsweise aus Social Media-Daten Produkttrends erkannt werden. [Bitk14, 58] Neben dem Erkennen bzw. dem Analysieren und Interpretieren von Texten können Texte sogar vom Computer selbst erzeugt werden. [ChMa14, 195] Basis hierfür ist, dass die Daten nach einem festgelegten Vorgehen strukturiert werden, da die Daten per Definition unstrukturiert sind. Eine Herausforderung stellt dabei die Sprache an sich dar. Jede Sprache hat ihre eigene Grammatik und dementsprechend haben die Sprachen unterschiedliche Strukturen und der Lernanspruch ist bei jeder Sprache mehr oder weniger anspruchsvoll. Je höher der Lernanspruch einer Sprache ist, desto höher ist auch die Komplexität zur Entwicklung eines maschinellen Analyse-Regelwerkes. [FrPa18, 384-385] Bei Social Media-Daten muss zudem häufig ein spezifischer Jargon oder Slang berücksichtigt werden. [Bitk14, 58] Neben Daten bzw. Texten aus Social Media-Plattformen werden z. B. auch Texte aus Blog- und Forenbeiträgen sowie CRM-Systemen analysiert. [GaHa15, 140]

Da auch Video- und Audio-Inhalte rasant ansteigen, spielt Video and Audio Analytics zunehmend eine größere Rolle bei der Verarbeitung von Big Data-Anwendungen. Der Ablauf deckt sich mit dem zuvor beschriebenen Ablauf von Text-Mining. Der entscheidende Unterschied liegt darin, dass die Video- und Audio-Inhalte zunächst in Textinformationen umgewandelt werden müssen.

Weitere analytische Verarbeitungsmöglichkeiten sind z. B. Predictive Analytics oder Machine Learning. Ziel von Predictive Analytics ist es, aus einem Datensatz auf Trends und Verhaltensmuster zu schließen und somit Vorhersagen zu treffen. [Bitk14, 61] Mit Machine Learning werden Anwendungen und Arbeitsweisen bezeichnet, bei denen Algorithmen sich meist auf Basis von historischen Daten automatisch selbstständig neues Wissen aneignen und dadurch Vorhersagen bzw. Schlussfolgerungen über zukünftige Ereignisse treffen können.

[AlQa16, 4; Rasc17, 23] Im Rahmen dieser Arbeit soll auf diese und weitere Verarbeitungs-möglichkeiten nicht weiter eingegangen werden.

Die Wertschöpfungskette einer Big Data-Anwendung sollte mit einer empfängergerechten Visualisierung der erzielten Erkenntnisse enden. Nur die korrekte Interpretation großer Da-tenbestände liefert letztendlich einen Mehrwert. [Bitk13, 17] Visualisierung hilft, Zusammen-hänge zu erkennen und die Daten besser zu verstehen. [FrPa18, 329] Der Grund hierfür liegt darin, dass der Mensch überwiegend mit Visualisierungswerkzeugen wie Stift, Papier, Flip-charts und Whiteboards denkt. [FrPa18, 330] Aufgrund der Komplexität von Big Data-Analysen und der bereits erläuterten Kernmerkmale von Big Data (insbesondere Volume, Variety und Velocity) sollte hierbei auf die Visualisierung ein besonderes Augenmerk gelegt werden. [FuVi16, 101-102] Die speziellen Eigenschaften von Big Data erfordern eine effizi-ente Integration von Visualisierungsanwendungen mit analytischen Anwendungen sowie leis-tungsstarke Schnittstellen zu Datenmanagement-Systemen. [Bitk14, 74] Darüber hinaus muss die Aggregation und Verdichtung der unterschiedlichen Datenströme aus oft verschiedenen Quellen in der Präsentationsschicht berücksichtigt werden. [LaMa15b] Flexibilität spielt da-her eine wichtige Rolle. Auch die Thematik „Datenschutz" und der Echtzeitaspekt, der im Big Data-Umfeld immer wichtiger wird, müssen bei der Präsentation beachtet werden. Zur Visua-lisierung stehen mehrere, unterschiedliche Techniken zur Verfügung. Im Folgenden wird auf die aus Sicht des Verfassers wichtigsten Visualisierungstechniken eingegangen.

Dashboards können eine zielführende visuelle Aufbereitung von Inhalten ermöglichen. Dash-boards können als Weiterentwicklung von klassischen Reports bezeichnet werden. Klassische Reports sind Berichte, die aus tabellarischen und/oder grafischen Elementen bestehen und dem Empfänger (meist) in gedruckter Form zur Verfügung gestellt werden. Dashboards hin-gegen bestehen aus mehreren visuellen Bausteinen und haben das Ziel, relevante Information in verdichteter Form übersichtlich darzustellen. Die mehrfachen Bausteine ermöglichen es, zwischen einzelnen Schichten zu navigieren und die dargestellten Inhalte zu selektieren. Dadurch kann die Darstellung für unterschiedliche Empfänger angepasst werden, etwa durch Einschränkung der Zeiträume. [Bitk14, 76; Ecke10, 3-10]

Dashboards können z. B. um interaktive Veränderungen der Visualisierungsparameter ergänzt werden. Diese Visulisierungsformen werden als fortgeschrittene Visualisierung[5] bezeichnet. Der Vorteil liegt darin, dass unterschiedliche Teilbereiche detaillierter analysiert werden können sowie Beziehungen zwischen einzelnen Bereichen besser dargestellt werden können. Häufig ist die Darstellung der wesentlichen Informationen als Ganzes nicht sinnvoll, da dies zu Unübersichtlichkeit führt. [Bitk14 83] Die Weiterentwicklung von interaktiver Visualisierung wird als Visuelle Analytik bezeichnet. Unter dem Begriff Visuelle Analytik wird die Analyse und Erkenntnisgewinnung aus verschiedenen Datenquellen und verschiedenen Anwendungsgebieten verstanden. [Bitk14, 84]

Eine Spezialform der Visualisierung ist Real-time Intelligence. Die Visualisierung bzw. visuelle Analyse erfolgt hierbei stets mit den hereinkommenden Streaming-Daten in Echtzeit. Voraussetzung für eine kontinuierliche Darstellung der hereinkommenden Streaming-Daten ist die Einrichtung eines gleitenden Zeitfensters aus dem Datenstrom. [Bitk14, 87]

Zur Vollständigkeit wird darauf hingewiesen, dass während der gesamten Wertschöpfungskette ein ausreichendes Augenmerk auf die Themen Sicherheit und Governance gelegt werden muss. Fehler in diesen Gebieten können gravierende Auswirkungen haben. Daher müssen rechtliche Aspekte (insbesondere Datenschutzrichtlinien) und Risikoaspekte eindeutig definiert und eingehalten werden. Im Rahmen dieser Arbeit wird auf die Themen Daten-Sicherheit und -Governance nicht eingegangen.

---

[5] engl. Advanced Visualization.

3.2 Bewertung aktueller Kerntechnologiesegmente

In diesem Kapitel soll auf die aktuellen Kerntechnologiesegmente eingegangen werden. Hierzu zählen die In-Memory-Technik, NoSQL-Datenbanken, Hadoop als Java-Framework und Streaming. Neben der Funktionsweise der einzelnen Technologien werden die Vorteile und Grenzen ausgearbeitet. Abschließend soll der Unterschied der neuen Technologien zu klassischen relationalen Datenbanken herausstellt werden.

In-Memory-Techniken bzw. In-Memory-Datenbanken (IMDB) dienen zur Hinterlegung von Daten auf Arbeitsspeichern und nicht wie üblich auf Festplatten. Befindet sich der komplette Datenbestand (inkl. der Verwaltungsdaten) beim Arbeitsspeicher, so wird von einer reinen In-Memory-Technik gesprochen. Dies hat den Vorteil, dass die jeweiligen Daten schneller abgerufen und ausgewertet werden können, da sich die Daten näher bei den Applikationen befinden. Nachteilig ist, dass die Daten bei einem Systemausfall (z. B. aufgrund eines Stromausfalles) nicht mehr geschützt sind und verloren gehen können. Eine zusätzliche Sicherheitskopie auf einer Festplatte empfiehlt sich daher. Bei verteilten In-Memory-Systemen[6] ist zusätzlich zum Arbeitsspeicher der Einsatz von weiteren Servern möglich. Die Bezeichnung „Hybrid-In-Memory-Systeme" wird verwendet, wenn nur ein Teil – meist die relevanten Daten (auch Hot-Data bezeichnet) – auf dem Arbeitsspeicher und die restlichen Daten auf der Festplatte gespeichert werden. Auch hier liegt der Vorteil in einer schnelleren Abfrage. [Schö16, 304-305]

Bevor auf die nächste Kerntechnologie, die NoSQL-Datenbanken eingegangen wird, folgt eine Darstellung der Standard SQL-Technologie. SQL steht für Structured Query Language und ist eine deskriptive relationale Anfragesprache, mit der eine logische und physische Datenunabhängigkeit erreicht wird. [FuVi16, 177] Der Einsatz von SQL ermöglicht das Einfügen, Aktualisieren und Löschen von Datensätzen. Im Rahmen von Big Data-Anwendungen empfiehlt sich der Einsatz nur bei strukturierten Daten in einem beschränkten Umfang.

NoSQL-Datenbanken hingegen können als eine Vereinigung aller nicht relationalen Datenbanken bezeichnet werden. Sie kennzeichnen sich durch die Eigenschaften rational, schemafrei und veränderungsoffen aus. Dabei steht „NoSQL" nicht für „kein SQL" sondern für „nicht nur SQL (not only SQL)". Somit stellen NoSQL-Datenbanken eine Ergänzung zu tra-

---

[6] Verteilte In-Memory-Systeme werden auch als In-Memory Data Grids (IMDG) bezeichnet.

ditionellen SQL-Datenbanken dar. Dadurch wird es möglich, große Mengen von sowohl unstrukturierten als auch strukturierten Daten zu verarbeiten. Unstrukturierte Daten, wie Bilder und Videos, können mit NoSQL-Datenbanken deutlich besser verarbeitet und verwaltet werden. [Schö16, 305] Grund hierfür ist, dass NoSQL-Datenbanken nicht die ACID-Eigenschaften von relationalen Datenbanken haben. ACID steht für Atomicity (atomar), Consistency (konsistent), Isolation (isoliert) und Durability (dauerhaft). [AlQa16, 6] Da bei der Bearbeitung unstrukturierter Daten andere Prioritäten, wie schnelle Verfügbarkeit und Ausfalltoleranz, wichtiger sind, ist die Lockerung der ACID-Prinzipien notwendig und somit der NoSQL-Einsatz sinnvoll. [Schö16, 306]

Als Standard für Big Data-Anwendungen hat sich jedoch Hadoop herauskristallisiert. Das hauptsächlich auf JAVA[7] basierende Open Source-Framework lässt sich horizontal auf mehrere tausend Serverknoten skalieren. Zudem kann der Speicher- und Analyseprozess sogar bei Serverausfällen, die bei großen Server-Farmen tagtäglich vorkommen, stets aufrechterhalten werden. [FeSc15, 279]

Die Kernfähigkeiten von Hadoop sind: [Bitk14, 35]

- Billige Datenspeicherung (Commodity Hardware)
- Flexible und vielfältige Abfragemöglichkeiten
- Zeitnahe Ergebnislieferung

Neben der freien Apache-Lizenz gibt es noch zusätzliche Softwareprodukte und Serviceleistungen. [YuGu16, 50-51] So lassen sich auch analytische Verfahren, wie Machine Learning, die nicht Teil des Hadoop-Kerns sind, umsetzen. Hierfür könnte etwa Apache Spark verwendet werden. Einige analytische Open-Source-Komponenten nutzen Hadoop als Datenplattform, bauen auf Hadoop auf oder sind Bestandteil des Hadoop Ecosystems. [FeSc15, 279] Manche dieser Frameworks sind nicht nur für den Einsatz von Hadoop entwickelt worden, sondern laufen neben Hadoop auch auf anderen Datenplattformen. [FrPa18, 21] Auf die Hadoop-Hauptbestandteile „Hadoop Distributed File System (HDFS), „Hadoop MapReduce-Framework" und „YARN" wird im Folgenden näher eingegangen.

---

[7] Java ist eine objektorientierte Programmiersprache.

In der Vergangenheit wurden Daten stets nach einem vorgegebenen Schema als strukturierte Daten aufbereitet, um sie in relationalen Datenbanken zu speichern. Dies war notwendig, damit Inserts in einer Tabelle möglich waren. Im Umfeld von Big Data geht es nun darum, auch unstrukturierte Daten zu verarbeiten. Daher werden Daten zunächst „roh" bzw. unverarbeitet in sämtlichen vorhandenen Datenformaten abgelegt und erst später verarbeitet. Dabei spielt es keine Rolle, dass es sich womöglich um mehrere, unterschiedliche Formate handelt, da das HDFS ein verteiltes (distributed) Dateisystem ist. Das bedeutet, dass bestimmte Funktionen, wie etwa das Kopieren oder Löschen von Dateien, über Standards abgewickelt werden, die fast zu jedem Dateisystem kompatibel sind. Eines dieser Standards z. B. ist POSIX[8]. HDFS ist weitgehend POSIX-kompatibel. [FrPa18, 23-24] Letztendlich können mit Hadoop große (unstrukturierte) Datenmengen kostengünstig gespeichert und schnell verarbeitet werden. Durch geschickte Kombination von HDFS und NoSQL kann der Zugriff auf Massendaten nochmals verbessert werden. [FeSc15, 285]

Hadoop MapReduce ist ein für die Verbreitung von Massendaten programmiertes Modell für nebenläufige Berechnungen. [DeGh04, 1] Das bedeutet, dass die gesamte Datenmenge in Einheiten aufgeteilt wird und diese parallel voneinander bearbeitet werden. [Suth16, 101] Dadurch können große Datenmengen parallel auf einem Cluster von Tausenden von Maschinen verarbeitet werden. [Bitk14 38] Nach erstmaliger, unabhängig voneinander durchgeführter Auswertung wird den Zwischenergebnissen der einzelnen Datenblöcke ein Schlüssel zugewiesen. Im nächsten Schritt werden Ergebnis-Datenblöcke mit gleichem Schlüssel zusammengefasst. Darauf aufbauend werden diese Ergebnis-Datenblöcke weiter analysiert und letztendlich ein Endergebnis generiert. [DeGh04, 1-2; Praj14, 28-29; FrPa18, 47-48]

2013 wurde eine zweite Version von Hadoop veröffentlicht. Die wichtigste Neuerung dabei war „MapReduce 2", welches als „YARN" bezeichnet wird. Seit dieser Neuerung ist es möglich, Daten in verteilten Datensystemen von Hadoop zu speichern. Da YARN die verschiedenen Anwendungen voneinander trennt, können neben der einfachen Stapelverarbeitung (engl.: batch processing) nun auch weitere Anwendungen durchgeführt werden. Unter anderem können interaktive Verarbeitungen, Online-Verarbeitungen, Streaming und Graphenverarbeitung durchgeführt werden. [Bitk14, 41]

---

[8] POSIX ist eine standardisierte Programmierschnittstelle, welche die Schnittstelle zwischen Anwendungssoftware und Betriebssoftware darstellt.

Im Gegensatz zur Stapelverarbeitung, bei der die Verarbeitung immer erst ausgelöst werden muss, werden etwa beim Streaming die Daten sofort bei Erzeugung oder bei Anlieferung verarbeitet. Eine weit verbreitete Streaming-Technologie ist Apache Spark. [FrPa18, 483] Der Vorteil von Streaming ist, dass keine Latenzzeiten entstehen und insgesamt eine Reduzierung der Komplexität von Datenplattformen erreicht wird, da einige Bereiche wie Job-Scheduler wegfallen. Dadurch wird eine Auswertung von schnell veränderlichen und unstrukturierten Daten in Echtzeit möglich. Nachteilig ist dabei, dass an die Datenlieferanten zusätzliche Funktionalitäten gestellt werden. [FrPa18, 477]

Diese in diesem Kapitel erläuterten neuen Kerntechnologien im Umfeld von Big Data werden in der Literatur häufig als Konkurrenz zu traditionellen, relationalen Datenbanken dargestellt. Dies ist jedoch nicht der Fall. Relationale Datenbankmodelle speichern Daten in verschiedenen Tabellen, die untereinander in Beziehung stehen. Die Erstellung von relationalen Datenbanken ist sehr einfach und der Einsatz sehr flexibel. Grundprinzip von relationalen Datenbanken ist, dass diese konsistent und redundanzfrei sind. Das bedeutet, dass jeder Datensatz eindeutig zu identifizieren ist und alle Daten jeweils nur einmal erfasst und gespeichert sind. Das Problem relationaler Datenbanken im Umfeld von Big Data ist unter anderem die beschränkte Möglichkeit hinsichtlich der Skalierung und Geschwindigkeit. [ChMa14, 175] Dies liegt daran, dass jede Transaktion ganz oder gar nicht ausgeführt wird (Atomicity), der Datenbestand stets konsistent sein muss (Consistency), Transaktionen isoliert voneinander abgewickelt werden (Isolation) und die durch abgeschlossene Transaktionen veränderte Wirkung dauerhaft besteht (Durability). Abfragen lassen sich aufgrund dieser sogenannten ACID-Eigenschaften nicht mehr in akzeptablen Zugriffszeiten abwickeln. [FeSc15, 288-289] Außerdem zeigen sich Schwächen bei der Speicherung von großen Datenmengen sowie bei der Durchführung von schnellen Verarbeitungen oder Abfragen. Zudem ist das Speichern unstrukturierter Daten, wie etwa Bildern, Dokumenten oder nicht relational abbildbarer Daten kaum realisierbar. Daher machen relationale Datenbanken im Umfeld von Big Data wenig Sinn und sind dementsprechend selten vorhanden. [Lube17] Allerdings nutzen einige Big Data-Anwendungen, wie z.B. Apache Hive, intern relationale Datenbanken. Für die Abbildung von festen Strukturen und die eindeutige Verknüpfung von Daten untereinander sind relationale Datenbanken weiterhin am besten geeignet. [Lube17]

Zusammenfassend kann festgehalten werden, dass bei weniger hohen Anforderungen an die Datenvielfalt und -geschwindigkeit weiterhin standardisierte SQL-Lösungen eingesetzt werden können. Soll die Verarbeitung jedoch deutlich schneller erfolgen, empfiehlt sich der Einsatz von In-Memory-Technologien. Erst wenn die Daten von unterschiedlichen Quellen stammen und aus verschiedenen Formaten bestehen, sollte Hadoop in Kombination mit NoSQL verwendet werden. Bei Echtzeitverarbeitungen sollte auf Streaming zurückgegriffen werden.

3.3 Big Data-Architekturbeispiel

Nachdem die einzelnen Bereiche einer Big Data-Anwendung sowie die Kerntechnologien näher diskutiert wurden, soll in diesem Kapitel ein Architekturbeispiel aus der Praxis dargestellt werden. Dadurch soll deutlich werden, wie eine Big Data-Lösung in der Praxis einen Mehrwert liefern kann. Das nachfolgende Beispiel basiert auf der sogenannten Lambda-Architektur. Diese ist bei vielen Big Data-Anwendungen anzutreffen, da dieser von Nathan Marz und James Warren veröffentlichte Architekturansatz typischen Big Data-Anforderungen gerecht wird. Dabei werden bei der Lambda-Architektur im Hadoop Ecosystem verschiedene Tools kombiniert. [Berl17, 2] Der zentrale Eintrittspunkt in das Big-Data-System ist dabei der Ingestion-Layer. Dieser puffert die ankommenden Daten temporär. Anschließend leitet er diese an den Speed Layer und den Batch Layer weiter. Hier wird also zwischen zwei Ebenen unterschieden. Die Batch-Ebene prozessiert zunächst die gesammelten Originaldaten in der Batch-Funktion. Anschließend werden die Daten zyklisch oder bei Bedarf zur Präsentation der Berechnungsergebnisse im Batch View aufbereitet. In der Speed-Ebene hingegen werden die Daten schnellstmöglich prozessiert und für die Präsentation aufbereitet. Die Verzögerung zwischen dem Eintreffen von Daten und deren Berücksichtigung im Batch View entfällt, sodass die Daten im Realtime View bzw. in der Anwendung schnell verfügbar sind. [MoSy14, 4] Die Lambda-Architektur ist in ihrer soeben beschriebenen Reinform häufig nicht anzutreffen, sondern vielmehr in einer Mischform. Dies liegt daran, dass je nach gewünschtem Ergebnis die einzelnen Komponenten unterschiedlich kombiniert werden. [Berl17, 2]

Dieser soeben dargestellte theoretische Architekturansatz soll anhand eines realen Anwendungsbeispiels aus der Praxis verdeutlicht werden. Das Beispiel handelt von Snack-Automaten. Solche sind etwa an Bahnhöfen oder auch in größeren Unternehmen stark vertreten. Für das Betreiben dieser Snack-Automaten wird eine Vielzahl von Daten benötigt. Diese werden von den Automaten selbst erzeugt. Neben den Daten über die einzelnen Produktverkäufe werden auch Daten über den Wechselgeldzustand oder aktuelle Werte der Temperatursteuerung übertragen. Letztere werden durch im Automaten eingebaute Sensorwerte erzeugt. Dadurch können etwa notwendige Wartungsarbeiten oder auch Spuren von Vandalismus sofort identifiziert werden. Aber auch klassische Auswertungen, die Informationen über Verkäufe nach Verkaufsregionen oder Tageszeiten liefern, werden nächtlich auf Basis der generierten und anschließend gespeicherten Daten durchgeführt. Darüber hinaus werden Real-Time-Analysen durchgeführt. Dies ermöglicht es dem für das Befüllen der Automaten zuständigem Personal bei stark steigenden Umsätzen zügig zu reagieren und eine schnelle Auffüllung sicher zu stellen. Dadurch können die Einsatzplanung für das Befüllen der Automaten und die technische Wartung letztendlich automatisiert werden. [Berl17, 3-4] Die nachfolgende Abbildung verdeutlicht das soeben beschriebene Praxisbeispiel.

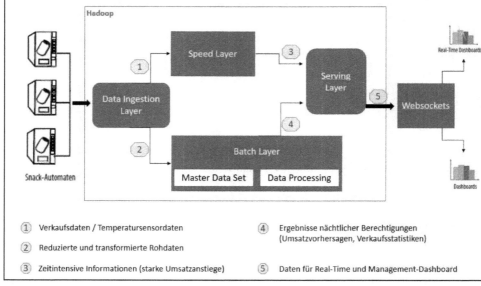

Abb. 5 Klassische Lambda-Architektur an einer beispielhaften Big Data-Lösung für Snackautomaten. Die Abbildung zeigt, wie eine klassische Lambda-Architektur aufgebaut ist. Die Darstellung basiert auf einem beispielhaften Big Data-Projekt für das Verwalten von Snackautomaten. (Quelle: eigene Darstellung, in Anlehnung an [Berl17, 3].)

4. Schlussbetrachtung

In den letzten Jahren sind die Anforderungen an die IT-Systeme enorm gestiegen. Insbesondere hinsichtlich Schnelligkeit, Skalierbarkeit und Flexibilität. Der Grund sind die aufgrund der zunehmenden Digitalisierung rasant gestiegenen Datenmengen. Da sich dieser Trend in Zukunft fortsetzen bzw. diese Entwicklung weiter an Dynamik gewinnen wird, werden sich auch die Anforderungen nochmals deutlich erhöhen. Der richtige und effiziente Umgang mit Big Data nimmt bei viele Unternehmen oder sogar ganzen Branchen einen enormen Einfluss auf den zukünftigen Unternehmenserfolg.

Ziel dieser Arbeit war es, den aktuellen Stand der Forschung zu Big Data systematisch aufzuarbeiten und die grundlegenden Charakteristika der wichtigsten Technologien im Umgang mit Big Data auszuarbeiten. Die Ausführungen der vorliegenden Arbeit ermöglichen einen kompakten Überblick über die Definition und Bedeutung von Big Data. Darüber hinaus wird deutlich, was die wichtigsten Kerntechnologien im Umgang mit Big Data sind, wann der Einsatz der jeweiligen Technologien sinnvoll ist und wie eine beispielhafte Big Data-Architekturlösung aussieht.

Als Antwort auf die zu Beginn der Arbeit gestellte Forschungsfrage, durch welche grundlegenden Eigenschaften sich der Begriff „Big Data" definieren lässt und welche Kerntechnologien im Umgang mit Big Data verwendet werden, lässt sich folgendes zusammenfassend festhalten:
Big Data definiert sich durch große, unstrukturierte Datenmengen, die zeitnah in hoher Qualität mit Hilfe von unterschiedlichen Methoden und Technologien verarbeitet werden, um einen wirtschaftlichen Mehrwert zu generieren. In Kapitel 3.1 werden die einzelnen Bereiche der Wertschöpfungskette einer Big Data-Anwendung, die den Weg von den Rohdaten hin zu betriebswirtschaftlich relevanten Erkenntnissen aufzeigt, dargestellt. Zum Einsatz kommen hierbei je nach Art der Daten und individueller Zielsetzung die Big Data-Kerntechnologien In-Memory-Technik, NoSQL-Datenbanken, Hadoop als Java-Framework, Streaming oder eine Kombination der jeweiligen Technologien. Insbesondere die Anforderungen hinsichtlich der Datenvielfalt und -geschwindigkeit spielen bei der Wahl eine übergeordnete Rolle.

Laut einer aktuellen Bitkom-Studie planen 57 Prozent der befragten Unternehmen Investitionen in Big Data oder sind bereits in der Umsetzung. [Bitk18] Um mit der internationalen

Konkurrenz Schritt halten zu können, müssen deutsche Unternehmen weiter an der konkreten Umsetzung, Etablierung und einem kontinuierlichen Einsatz von Big Data-Lösungen arbeiten und diese ausweiten. Hierfür ist es notwendig, die fachlichen Kompetenzen zu erwerben bzw. weiter auszubauen, damit die zunehmende Komplexität bewältigt werden kann. Darüber hinaus müssen klare Abläufe, ein agiles Vorgehen und eine entsprechende Datenkultur im Bereich der Unternehmensorganisation geschaffen und etabliert werden. Diese sollten als Grundlage für effiziente, datengetriebene Entscheidungsprozesse dienen. [Reda18] Eine weitere entscheidende Stellschraube wird auch die Politik sein. Diese muss attraktive Rahmenbedingungen für Big Data schaffen und zusätzliche Investitionen in Forschung und Lehre vornehmen. Nur so kann der zukünftig weiter an Bedeutung gewinnenden Stellung von Big Data gerecht werden.

Literaturverzeichnis

[Agga15]

   Aggarwal, Charu C.: Data mining. The textbook. Springer, Cham 2015.

[AlQa16]

   Ali, Anwaar; Qadir, Junaid; Rasool, Raihan ur; Sathiaseelan, Arjuna; Zwitter,
   Andrej; Crowcroft, Jon: Big data for development: applications and techniques. In:
   Big Data Analytics (2016) 1, S. 1.

[Berl17]

   Berle, Lukas: Lambda-Architektur und Hadoop Framework in der Praxis. Big Data für
   Macher. In: itmanagement (2017) 10, S. 1-5.

[BeWa14]

   Bendler, Johannes; Wagner, Sebastian; Brandt, Tobias; Neumann, Dirk.: Taming
   Uncertainty in Big Data. In: Business & Information Systems Engineering (2014) 5, S.
   279-288.

[Bitk12]

   BITKOM, Bundesverband Informationswirtschaft, Telekommunikation und Neue
   Medien: Big Data im Praxiseinsatz. https://www.bitkom.org/sites/default/files/pdf-
   /noindex/Publikationen/2012/Leitfaden/Leitfaden-Big-Data-im-Praxiseinsatz-
   Szenarien-Beispiele-Effekte/BITKOM-LF-big-data-2012-online1.pdf, 2012,
   Abgerufen am 2019-06-16.

[Bitk13]

   BITKOM, Bundesverband Informationswirtschaft, Telekommunikation und Neue
   Medien: Management von Big-Data-Projekten.
   https://www.bitkom.org/sites/default/files/file/import/130618-Management-von-Big-
   Data-Projekten.pdf, 2013-06-18, Abgerufen am 2019-06-23.

[Bitk14]

   BITKOM, Bundesverband Informationswirtschaft, Telekommunikation und Neue
   Medien: Big-Data-Technologien.
   https://www.bitkom.org/sites/default/files/pdf/noindex/Publikationen/2014/Leitfaden/
   Big-Data-Technologien-Wissen-fuer-Entscheider/140228-Big-Data-Technologien-
   Wissen-fuer-Entscheider.pdf, 2014-02-28, Abgerufen am 2019-05-10.

[Bitk18]

BITKOM, Bundesverband Informationswirtschaft, Telekommunikation und Neue Medien: Big Data steht bei sechs von zehn Unternehmen an erster Stelle. https://www.bitkom.org/Presse/Presseinformation/Big-Data-steht-bei-sechs-von-zehn-Unternehmen-an-erster-Stelle.html, 2018-06-11, Abgerufen am 2019-06-25.

[ChCh13]

Chen, Jinchuan; Chen, Yueguo; Du, Xiaoyong; Li, Cuiping; Lu, Jiaheng; Zhao, Suyun; Zhou, Xuan: Big data challenge: a data management perspective. In: Frontiers of Computer Science 7 (2013) 2, S. 157-164.

[Chen10]

Chen, Hsinchun: Business and Market Intelligence 2.0, Part 2. In: IEEE Intelligent Systems 25 (2010) 2, S. 74-82.

[ChMa14]

Chen, Min; Mao, Shiwen; Liu, Yunhao: Big Data: A Survey. In: Mobile Networks and Applications 19 (2014) 2, S. 171-209.

[DaHa10]

Davenport, Thomas H.; Harris, Jeanne G.; Morison, Robert: Analytics at work. Smarter decisions, better results. Harvard Business Press, Boston 2010.

[DaHe14]

Dapp, Thomas F.; Heine, Veronika: Big Data. https://www.dbresearch.de/PROD-/RPS_DE-PROD/PROD0000000000444436/Big_Data_%C2%96_die_ungez%C3%A4hmte_Macht.PDF, 2014-03-04, Abgerufen am 2019-06-20.

[DeGh04]

Dean, Jeffrey; Ghemawat, Sanjay: MapReduce: Simplified Data Processing on Large Clusters. In: OSDI'04 Proceedings of the 6th conference on Symposium on Opearting Systems Design & Implementation 51 (2004), S. 1-13.

[Dele14]

Delen, Dursun: Real-world data mining. Applied business analytics and decision making., Pearson Education LTD, Upper Saddle River 2014.

[Dors15a]

Dorschel, Joachim: Einführung und Überblick. In: *Dorschel, Joachim (Hrsg.)*: Praxishandbuch Big Data. Wirtschaft – Recht – Technik. Springer, Karlsruhe 2015, S. 5-13.

[Dors15b]

Dorschel, Werner: Keynote: „Die Zeit ist reif für Big Data". In: *Dorschel, Joachim (Hrsg.)*: Praxishandbuch Big Data. Wirtschaft – Recht – Technik. Springer, Karlsruhe 2015, S. 1–5.

[Ecke10]

Eckerson, Wayne W.: Performance dashboards. Measuring, monitoring, and managing your business. Wiley, Hoboken 2010.

[EmDö15]

Emmrich, Volkard; Döbele, Mathias; Bauernhansl, Thomas, Paulus-Rohmer, Dominik; Schatz, Anja; Weskamp, Markus: Geschäftsmodell-Innovation durch Industrie 4.0. https://www.wieselhuber.de/migrate/attachments/Geschaeftsmodell_Industrie40-Studie_Wieselhuber.pdf, 2015, Abgerufen am 2019-06-18.

[Fase14]

Fasel, Daniel: Big Data. Eine Einführung. In: HMD : Praxis der Wirtschaftsinformatik 51 (2014) 298, S. 386-400.

[FeSc15]

Fels, Gernot; Schinkel, Fritz: IT-Infrastrukturen für Big Data. In: *Dorschel, Joachim (Hrsg.)*: Praxishandbuch Big Data. Wirtschaft – Recht – Technik. Springer, Karlsruhe 2015, S. 278–307.

[FrPa18]

Freiknecht, Jonas; Papp, Stefan: Big Data in der Praxis. Lösungen mit Hadoop, Spark, HBase und Hive. Daten speichern, aufbereiten, visualisieren. Hanser, München 2018.

[FuVi16]

Furht, Borko; Villanustre, Flavio: Big Data Technologies and Applications. Springer, Cham 2016.

[GaHa15]

Gandomi, Amir; Haider, Murtaza: Beyond the hype: Big data concepts, methods, and analytics. In: International Journal of Information Management 35 (2015) 2, S. 137-144.

[GaSi16]

Gani, Abdullah; Siddiqa, Aisha; Shamshirband, Shahaboddin; Hanum, Fariza: A survey on indexing techniques for big data: taxonomy and performance evaluation. In: Knowledge and Information Systems 46 (2016) 2, S. 241-284.

[Gölz17]

Gölzer, Philipp: Big Data in Industrie 4.0 - Eine strukturierte Aufarbeitung von Anforderungen, Anwendungsfällen und deren Umsetzung. Dissertation, Erlangen 2017.

[HaKa11]

Han, Jiawei; Kamber, Micheline; Pei, Jian: Data Mining: Concepts and Techniques. Morgan Kaufmann, San Francisco 2011.

[HaZa14]

Hartmann, Philipp Max; Zaki, Mohamed; Feldmann, Niels; Neely, Andy: Big Data for Big Business? A Taxonomy of Data-driven Business Models used by Start-up Firms. In: Cambridge Service Alliance (2014), S. 1-29.

[King14]

King, Stefanie: Big Data. Potential und Barrieren der Nutzung im Unternehmenskontext. Springer, München 2014.

[LaMa15a]

Lanquillon, Carsten; Mallow, Hauke: Grenzen konventioneller Business-Intelligence-Lösungen. In: *Dorschel, Joachim (Hrsg.)*: Praxishandbuch Big Data. Wirtschaft – Recht – Technik. Springer, Karlsruhe 2015, S. 255–263.

[LaMa15b]

Lanquillon, C.; Mallow, H.: Advanced Analytics mit Big Data. In: *Dorschel, Joachim (Hrsg.)*: Praxishandbuch Big Data. Wirtschaft – Recht – Technik. Springer, Karlsruhe 2015, S. 55–89.

[Lube17]

Luber, Stefan: Definition - Was ist eine relationale Datenbank?. https://www.bigdata-insider.de/was-ist-eine-relationale-datenbank-a-643028/, 2017-09-13, Abgerufen am 2019-06-19.

[McBr12]

McAfee, Andrew; Brynjolfsson, Erik: Besser entscheiden mit Big Data. In: Harvard-Business-Manager: Das Wissen der Besten 34 (2012) 11, S. 22-30.

[MoDo15]

Mortenson, Michael J.; Doherty, Neil F.; Robinson, Stewart: Operational research from Taylorism to Terabytes. A research agenda for the analytics age. In: European journal of operational research: EJOR 241 (2015) 3, S. 583-595.

[MoSy14]

Mock, Michael; Sylla, Karl-Heinz; Hecker, Dirk: Skalierbarkeit und Architektur von Big-Data-Anwendungen. https://www.sigs-datacom.de/uploads/tx_dmjournals-/Mock_Hecker_Sylla_BigData_14.pdf, 2014, Abgerufen am 2019-06-17.

[O'Le13]

O'Leary, Daniel E.: "Big data", the "Internet of things" and the "Internet of signs". In: Intelligent systems in accounting finance and management. An international journal 20 (2013) 1, S. 53-65.

[Omri15]

Omri, Fouad: Big Data-Analysen: Anwendungsszenarien und Trends. In: *Dorschel, Joachim (Hrsg.)*: Praxishandbuch Big Data. Wirtschaft – Recht – Technik. Springer, Karlsruhe 2015, S. 104–112.

[Praj14]

Prajapati, Vignesh: Big data analytics with R and hadoop. Shroff Publishers & Distributors, Birmingham/Mumbai 2014.

[Rasc17]

Raschka, Sebastian: Machine Learning mit Python. Das Praxis-Handbuch für Data Science, Predictive Analytics und Deep Learning. MITP, Frechen 2017.

[Reda18]

Redaktion Digitales Wirtschaftswunder: Studie: Big Data und Analytics auf Wachstumskurs. https://blog.qsc.de/2018/11/studie-big-data-und-analytics-auf-wachstumskurs/. 2018-11-19, Abgerufen am 2019-06-28.

[Schö16]

    Schön, Dietmar: Planung und Reporting. Grundlagen, Business Intelligence, Mobile BI und Big-Data-Analytics. Springer, Wiesbaden 2016.

[Schu15]

    Schulmeyer, Christian: Big Data-Analyse auf Basis technischer Methoden und Systeme. In: *Dorschel, Joachim (Hrsg.)*: Praxishandbuch Big Data. Wirtschaft – Recht – Technik. Springer, Karlsruhe 2015, S. 307–330.

[ScKn12]

    Schäfer, Andreas; Knapp, Melanie; May, Michael; Voß, Angelika: BIG DATA – Vorsprung durch Wissen. Innovationspotentialanalyse. https://www.iais.fraunhofer.de-/content/dam/iais/gf/bda/Downloads/FraunhoferIAIS_Big-Data_2012-12-10.pdf, 2012-12-10, Abgerufen am 2019-06-25.

[ScSh12]

    Schroeck, Michael; Shockley, Rebecca; Smart, Janet; Romero-Morales, Dolores; Tufano, Peter: Analytics: Big Data in der Praxis. Wie innovative Unternehmen ihre Datenbestände effektiv nutzen. In: IBM Global Business Services (2012), S. 1-24.

[Suth16]

    Suthaharan, Shan: Machine Learning Models and Algorithms for Big Data Classification. Thinking with Examples for Effective Learning. Springer, Greensboro 2016.

[vaDo15]

    van Geenen, Wilhelmus; Dorschel, Werner; Dorschel, Joachim: Big Data in der Kreditwirtschaft. In: *Dorschel, Joachim (Hrsg.)*: Praxishandbuch Big Data. Wirtschaft – Recht – Technik. Springer, Karlsruhe 2015, S. 134–148.

[Wolf14]

    Wolff, J. Gerard: Big Data and the SP Theory of Intelligence. In: IEEE Access 2 (2014), S. 301-315.

[YuGu16]

    Yu, Shui; Guo, Song: Big Data Concepts, Theories, and Applications. Springer, Cham 2016.

[ZiDe13]

Zikopoulos, Paul C.; DeRoos, Dirk; Parasuraman, Krishnan; Deutsch, Thomas; Corrigan, David; Giles, James: Harness the power of Big Data. The IBM Big Data platform. McGraw-Hill, New York/Singapore 2013.